Cadi'r Ci yn Cael Gwaith

Tracey Hammett ac Angie Stevens

AF729059

GRAFFEG bach

Ci prysur yw Cadi.

Mae'n hoffi bod yn brysur.

Mae Gwen y gath yn hoffi hamddena; mae
Gwen yn meddwl y dylai Cadi gael napyn bach.

Ond nid y math o gi sy'n hoffi napyn bach yw Cadi.

Un bore, clywodd Cadi sŵn
tincial fan hufen iâ ...

"Hoffwn i werthu hufen iâ mewn fan fach ddel," meddyliodd. "Dyna'r gwaith perffaith i mi."

Felly dilynodd ei thrwyn i'r parc.

Yno, ar ei hoff goeden,
gwelodd boster.

HEDDIW – GŴYL HUFEN IÂ. GWOBR SGLEINIOG I'R HUFEN IÂ GORAU!

Roedd sawl fan hufen iâ yn y parc.

"Hwrê hwrê," meddyliodd Cadi. "Bydda i'n siŵr o gael gwaith yn gwerthu hufen iâ."

Roedd Mrs Weffyr wedi parcio'i fan hufen iâ wrth y pwll padlo.

"Helô," meddai Cadi, "hoffwn i werthu hufen iâ. Ga i weithio gyda chi?"

"Sorri," meddai Mrs Weffyr, "ond mae cŵn yn gwneud i mi disian."

Roedd Mr Saws wedi parcio'i fan hufen iâ wrth y llithren.

"Ga i weithio gyda chi?" holodd Cadi.

"Ddim heddiw," atebodd Mr Saws.

Gofynnodd Cadi i Ms Sbrincyls wrth y tai gwydr.

A Mr Cnau wrth y pwll nofio.

Ond doedd gan neb waith iddi.

Yn y diwedd, aeth Cadi ar ras draw i'r cae chwarae, lle roedd Mr Siocled wedi parcio'i fan hufen iâ.

"Helô," meddai Cadi. "Ga i weithio gyda chi? Dwi'n hoffi gweithio'n galed iawn a fydda i byth yn cwyno, ond rhaid i mi fod adre erbyn amser swper."

Roedd Mr Siocled angen taro i'r siop i gasglu mwy o gôns hufen iâ, felly dyma fe'n cynnig gwaith i Cadi.

"Bow wow wow!" meddai Cadi. "Ro'n i yn y man iawn ar yr eiliad iawn."

Rhoddodd Mr Siocled het a ffedog i Cadi ...

gwnaeth yn siŵr ei bod yn golchi ei phawennau ...

a dangosodd iddi sut i ddefnyddio'r peiriant hufen iâ.

"Dylai fod digon o gôns yn y fan, ond gwylia'r peiriant – mae'n mynd yn sownd o dro i dro."

"Gwell i mi ddechrau arni," meddyliodd Cadi.

Gwasgodd swits y gân ar y fan ...

Bing-a-ling-a-bing-a-bong...

A chanodd Cadi gyda'r gân,

"Awawawwaawaaw."

Cyn pen dim, daeth cwsmeriaid at y fan.

"Gŵyl hufen iâ hapus! Pa flas hoffech chi?" gofynnodd Cadi.

Roedd Cadi wrth ei bodd
yn gweini'r hufen iâ.

Hoffai'r ffordd roedd
yn dod o'r peiriant,
gan wneud mynydd
hufennog ar ben
bob côn.

Hoffai Cadi
daenu'r saws,

sgeintio'r
sbrincyls,

a rhoi bys siocled
drwy'r cyfan.

Ac yn fwy na dim, roedd hi wrth ei bodd yn clebran â'r cwsmeriaid.

Roedd popeth yn mynd yn ddidrafferth nes …

… i'r tîm pêl-droed gyrraedd.

Yn sydyn safai rhes hir o bobl wrth y fan.

"Gobeithio bod gen i ddigon o gôns i bawb," meddyliodd Cadi.

Mewn dim o dro dim ond UN côn oedd ar ôl … ac roedd y rhes o bobl yn dal wrth y fan.

"Sorri," meddai Cadi, wrth i'r hufen iâ ddod o'r peiriant yn bentwr hufennog, "ond dyma'r côn olaf."

Ond wrth iddi drio diffodd y peiriant, aeth hwnnw'n SOWND! Daliai'r hufen iâ i lifo, gan greu mynydd enfawr, blasus.

"Help!" gwaeddodd Cadi. "Rhaid i mi gael rhywbeth i ddal yr holl hufen iâ!"

Yn ffodus, ci chwim ei meddwl yw Cadi.

"Wn i – mi wna i greu mathau newydd o hufen iâ," meddyliodd, gan edrych o'i chwmpas am syniadau.

Creodd Cadi:

Y Lluwch Llachar

Y Mynydd Melys

Y Twba Tymhestlog ...

a sawl hufen iâ enfawr arall i bawb ei rannu.

Gwnaeth yn siŵr fod
popeth yn lân, wrth gwrs!

Tyfodd y rhes wrth i bobl glywed am
hufen iâ mentrus Cadi.

Daeth ffotograffydd yr
ŵyl draw i dynnu lluniau.

Pan ddaeth Mr Siocled yn ôl gyda'r côns, rhoddodd sgriwdreifar i Cadi. Trwsiodd hi'r peiriant yn syth.

"Mae'r argyfwng drosodd," chwarddodd Mr Siocled. "Pwy fyddai'n hoffi côn hufen iâ?"

Ond roedd pawb eisiau un o ddanteithion newydd Cadi, wrth gwrs!

Ar ddiwedd y pnawn, daeth y Maer at y fan. Rhoddodd wobr sgleiniog am greu hufen iâ gorau'r ŵyl i Cadi, sef ...

PWDIN Y PLISMON, gwledd o hufen iâ enfawr wedi'i weini mewn helmed.

"Am syrpréis!" cyfarthodd Cadi. "Dwi erioed wedi ennill gwobr o'r blaen!"

Yna daeth sŵn cloc y parc – BONG BONG BONG BONG BONG.

Roedd hi'n bump o'r gloch.

"Mae bron yn amser swper," meddai Cadi. "Rhaid i mi fynd adre nawr."

Rhoddodd Mr Siocled dwb enfawr o hufen iâ – un arbennig i anifeiliaid – i Cadi.

"Paid anghofio dy wobr," meddai. "Gobeithio dy fod wedi mwynhau dy ddiwrnod."

"Iap iap iap!" cyfarthodd Cadi. "Roedd gwerthu hufen iâ yn hwyl."

A rhedodd hi'r holl ffordd adre, gan feddwl wrth fynd,
"Er mwyn gwerthu hufen iâ mewn fan hufen iâ,
mae'n help os wyt ti ...

yn hoffi
llefydd bach,

yn gyfeillgar,

yn mwynhau trin arian,

yn llawn dychymyg,

yn cadw dy bawennau'n
lân bob amser."

"Dwi adre erbyn amser swper!"
meddai Cadi'n llawen.

"Ww, beth sydd i'w fwyta?" gofynnodd Gwen.

"Un o'm pwdins gwych i, wrth gwrs!" atebodd Cadi gan wenu.

"A fydd ganddo saws melys a sbrincyls a bys sioced?" gofynnodd Gwen.

"Bydd o'n fwy blasus na hynny, hyd yn oed," meddai Cadi.

Roedd llygaid Gwen fel dwy soser pan welodd beth oedd i swper, sef ...

SYRPRÉIS SELSIGAIDD!

Mrs Weffyr

Ms Sbrincyls

Mr Saws

Mr Cnau

Mr Siocled

Tracey Hammett

Daw'r awdur Tracey Hammett o Gaerdydd. Un o'i breuddwydion ers bore oes yw cael fan hufen iâ fach! Mae'n awdur nifer o sgriptiau a straeon i blant ar gyfer y teledu ac mae'n rhannu ei hamser rhwng Caerdydd a'r Barri, lle mae'r rhan fwyaf o'i theulu'n byw. Mae'n gwirioni ar gŵn ac mae'n byw gyda'i merch a Jas, ci potsiwr a ddaeth o Loches Cŵn a Chathod Battersea.

Cadi'r Ci yn Cael Gwaith yw ail lyfr Tracey, yn dilyn *Dim Bwystfilod!*

Angie Stevens

Darlunydd llyfrau o Gymru yw Angie.

Mae'n byw mewn tŷ bychan yn Abertawe gyda'i theulu prysur a sawl anifail.

Mae Angie'n adnabyddus am ei blog Doodlemum, sy'n cynnwys lluniau o'i theulu. Hi yw awdur *Doodlemum: A Year of Family Life* ac mae wedi creu darluniau ar gyfer y llyfrau stori-a-llun *My Mummy Says* a *My Daddy Says* gan Justine Smith.